LE
GÉNÉRAL PARCHAPPE

DÉPUTÉ DE LA MARNE

PAR P. BISTON

> « C'est en quelque sorte se donner part aux belles
> actions que de les louer de bon cœur. »
> (La Rochefoucauld. — M. 432.)

PARIS

DENTU, LIBRAIRE-ÉDITEUR, PALAIS-ROYAL

GALERIE D'ORLÉANS

—

1867

LE

GÉNÉRAL PARCHAPPE

DÉPUTÉ DE LA MARNE

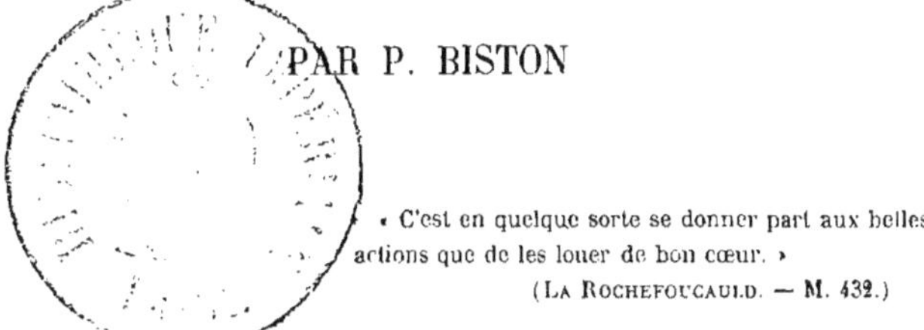

PAR P. BISTON

« C'est en quelque sorte se donner part aux belles
actions que de les louer de bon cœur. »

(LA ROCHEFOUCAULD. — M. 432.)

<hr>

PARIS

DENTU, LIBRAIRE-ÉDITEUR, PALAIS-ROYAL

GALERIE D'ORLÉANS

1867

LE

GÉNÉRAL C. PARCHAPPE

Le général Parchappe est mort à Paris, le 4 janvier 1866 : ce digne enfant de la Champagne portait noblement un des noms historiques de notre ancienne province, et ce nom d'une vieille race française n'a jamais emprunté son éclat aux richesses, mais bien à des services civils ou militaires rendus à la France.

Notre loyal et regrettable député disait souvent et avec une sorte d'orgueil : « Les Parchappe ont toujours été pauvres, » et ces paroles honorent celui qui les a prononcées au milieu d'une société où les intérêts matériels et la fortune tiennent une si grande place.

L'histoire nous apprend que les ancêtres du général Parchappe ont donné des preuves de leur dévouement à la cause d'Henri IV, pendant le siége d'Epernay, en l'année 1592 :

« De Rosne, maréchal de la Ligue, commandoit dans cette dernière ville; il avoit fait sortir quatre cents hommes pour faire des courses. Le roi, l'ayant appris en arrivant devant la place, résolut de les couper. Il les rencontra comme ils venoient pour rentrer, il avoit pris les devants et n'avoit avec lui que quatorze personnes. De ce nombre étoit le sieur Parchappe avec ses cinq fils. C'étoit un magistrat d'Epernay qui avoit été chassé de la ville pour son attachement au roi. Ce prince, avec sa petite troupe, fit ferme dans un chemin creux et étroit, et donna à ses troupes le temps d'arriver ; elles enveloppèrent les ennemis et les taillèrent en pièces. Parchappe y fut blessé; il eut deux chevaux tués sous lui, et l'un de ses fils y perdit la vie. Le roi, pour reconnaître la valeur et la fidélité de ce magistrat et de ses enfants, les ennoblit[1]. »

C'est à l'occasion d'un des épisodes du siége d'Epernay, qu'Henri IV écrivait au duc de Nivernois, le 24 juillet 1592 :

« . . . . L'heur a esté tel pour moy, que, avec quinze ou vingt des miens, j'y suis arrivé assez à propos pour enfoncer les ennemys. Pour ce

---

[1] *Histoire de Henri IV*, par de Bury. — « Ce combat étoit représenté dans une ancienne tapisserie, dit le même historien, que l'on voyoit encore, en 1766, à Epernay, dans la salle de l'arquebuse. »

que je ne suis poinct vain, je ne vous diray poinct qui y a bien faict ; vous l'apprendrés à vostre venue par ceulx qui y estoient. Mais bien vous assureray-je, mon cousin, qu'avant que partir du lieu où je les ay chargez, je n'en ay bougé tant qu'il y en a eu un seul en vie, de façon qu'il ne s'est saulvé qu'un lacquais, monté sur le cheval du lieutenant-collonnel, et douze qui ont chascun quatre ou cinq coups d'espée au travers du corps [1]. »

La tradition nous apprend aussi que la famille Parchappe rendit au bon Henri un service d'une autre nature, et cela est vraisemblable, lorsqu'on sait que la guerre était à cette époque souvent arrêtée faute d'argent, et que le roi lui-même, manquant un jour du nécessaire, écrivait à Sully : « Je n'ai pas quasi un cheval sur lequel je puisse combattre, ni un harnois complet que je puisse endosser ; mes chemises sont toutes déchirées, mes pourpoints troués au coude, ma marmite est souvent renversée et depuis deux jours je dîne et soupe chez les uns et chez les autres. »

---

[1] Ce passage est extrait d'une longue et belle lettre qu'on trouvera à la fin de cette notice. Nous publions ce curieux document, non-seulement parce qu'il offre un intérêt historique pour notre Champagne, mais encore parce que le Roi s'y montre avec sa bravoure chevaleresque, son caractère plein de franchise et de gaîté, et ces qualités du cœur et de l'esprit qui l'ont fait adorer de ses sujets.

Charles-Jean-Baptiste Parchappe [1], un des descendants du courageux magistrat du XVIe siècle, était né à Epernay le 4 avril 1787 ; il fit ses études militaires à l'école de Fontainebleau en 1804, fut nommé sous-lieutenant d'infanterie en 1806, et se trouva aux siéges de Stralsund, de Colberg, à l'expédition du Danemarck, aux batailles de Ratisbonne et d'Ebersberg [2].

Décoré à Essling, en 1809, capitaine de voltigeurs en 1811, il fut blessé dans plusieurs rencontres, entre autres à Wagram, en Russie, où il sauva l'aigle de son régiment, et à Dresde ; à la bataille de Brienne, Parchappe fut promu au grade de chef de bataillon et d'officier de la Légion-d'Honneur par l'Empereur lui-même.

Après avoir fait dix campagnes sous l'Empire, ce

[1] Parchappe, et non *de* Parchappe, comme on l'a écrit par erreur.

Les registres de l'état civil de la ville d'Epernay constatent que le nom de cette famille n'a jamais été altéré par l'emploi de la particule, et que ses membres prenaient seulement dans les actes le titre *d'écuyer*.

On sait que les simples gentilshommes et les anoblis avaient autrefois, en France, le droit de porter ce titre qui valait bien ceux de marquis et de duc, lorsqu'on ne l'avait ni acquis à prix d'argent, ni reçu dans les antichambres, mais bien gagné en combattant aux côtés du Roi.

[2] Nous avons emprunté les dates et certains détails qu'on trouvera dans cette notice au *Journal de la Marne* du 18 février 1852, à la circulaire du général Parchappe, du 21 du même mois, à la *Nouvelle Biographie générale*, de MM. Firmin Didot frères, et au *Dictionnaire des Contemporains*, de G. Vapereau.

brave soldat de la grande armée prit une part active à cette lutte sans pareille dans nos fastes historiques, où Napoléon, avec les débris de ses troupes, sut résister à celles de l'Europe coalisée, et livra sur le sol de l'ancienne Champagne ces batailles que nos populations se rappellent avec orgueil, dont elles font le sujet de leurs récits dans les veillées d'hiver et au milieu de ces champs où l'Empereur fut tant de fois victorieux.

Après le départ de Napoléon pour l'île d'Elbe, le commandant Parchappe fut mis en demi-solde. Il reprit du service pendant les Cent-Jours, et, à la seconde Restauration, il fut compris dans ce qu'on appelait alors la quatorzième catégorie.

Parchappe, replacé dans le cadre d'activité, fit plus tard la campagne d'Espagne, en 1823, fut nommé lieutenant-colonel en 1825, colonel en 1830, et il venait d'être mis à la tête du 51e de ligne et allait s'embarquer pour la Guadeloupe, lorsqu'éclata la révolution qui renversa le trône du dernier roi de France.

Presqu'au lendemain de cette fatale Révolution, en 1831, il partait pour l'expédition de Belgique, sous le commandement du maréchal Gérard.

Parchappe contribua à réprimer, en 1834, et sous les ordres du général Aymard, la sanglante insurrection de Lyon.

Promu, en 1838, au grade de général de brigade, il fit en Afrique les trois campagnes de 1839, 1840 et 1841, et, le 12 juin 1848, il était créé général de division.

Rentré en France, il fut appelé au commandement du département des Bouches-du-Rhône, puis à la direction de l'administration de la guerre.

Le général Parchappe, qui ne se distinguait pas moins par ses talents administratifs que par sa valeur et son énergie dans les combats, remplit, en 1849 et en 1850, les fonctions d'inspecteur général d'infanterie ; et, enfin, en 1851, après avoir passé par tous les grades, dont plusieurs lui avaient été conférés sur le champ de bataille par l'Empereur, il était atteint par la loi sur la mise à la retraite, et élevé à la dignité de grand-officier de la Légion-d'Honneur.

En 1852, le général Parchappe s'est présenté comme candidat du nouveau gouvernement, dans la deuxième circonscription de la Marne, et il disait dans sa circulaire aux électeurs d'Epernay : « Mes titres, ce sont » mes services militaires ;.... c'est aussi le lien qui, » par les souvenirs historiques et par la naissance, » rattache mon nom et ma personne à votre dépar» tement. »

Et après avoir rappelé, avec une simplicité antique,

à ses vieux compagnons d'armes de la légion de la
Marne et à ses compatriotes les principaux faits de sa
vie, il ajoutait : « Au terme de ma carrière militaire,
» je me présente à vous, appuyé avec confiance sur
» mon passé, pour vous demander l'honneur de vous
» représenter.

» Fier de vos suffrages, et heureux de continuer à
» consacrer ma vie au service de l'Etat, je remplirais,
» n'en doutez pas, avec zèle et énergie, le mandat que
» vous m'auriez confié. »

Nommé député au Corps législatif, en 1852, le général Parchappe a été réélu par ses concitoyens, en
1857 et en 1863, et toujours à la presque unanimité
des suffrages.

L'arrondissement d'Epernay a voulu honorer trois
fois le nom des Parchappe ; il a montré en cette circonstance qu'il n'oubliait pas les services rendus au
pays, et qu'il avait le culte des souvenirs, puisque le
général était éloigné de la Champagne depuis près de
cinquante ans.

Il est vrai qu'il avait un passé glorieux, et que sa
ville natale n'a jamais eu de goût pour les ambitieux
vulgaires qui exploitent la crédulité populaire, et,
sans titres ni services sérieux, sans naissance, sans
nom, appuient leurs candidatures, non pas sur un de

ces souvenirs historiques qui sont l'honneur des familles, mais sur de prétendus succès trop souvent préparés dans les cabarets et les cafés par d'audacieux meneurs et de funestes coteries.

Bon, affable, accessible à tous, notre excellent compatriote et cousin [1] était heureux lorsque, par sa haute influence, il faisait triompher des intérêts légitimes, et on peut dire que jamais les électeurs n'ont eu de mandataire plus zélé et plus dévoué.

Il était comme environné du respect des populations, ce qui vaut mieux qu'une fausse ou banale popularité; son air noble, cette ancienne politesse française dont il avait conservé le secret, et son langage franc et cordial lui avaient conquis tous les cœurs.

Le général Parchappe parlait et écrivait bien, et sa voix forte et vibrante aurait certainement captivé l'attention d'une assemblée politique.

Mais il se défiait trop de lui-même, il demandait rarement la parole, et cela, parce qu'il possédait une des qualités les plus rares à l'époque où nous vivons, la modestie.

[1] Du côté de Suzanne-Denise Chanoine-Geoffroy, mariée à Epernay, le 12 novembre 1743, à Pierre-Jean Bocquet, écuyer, conseiller du Roi, président-trésorier de France au bureau des finances de Champagne, seigneur d'Anthenay et notre bisaïeul maternel. On remarque sur cet acte de mariage les signatures de deux membres de la famille Parchappe. *(Note de l'auteur.)*

Un jour, entre autres, en 1858, Parchappe se leva au milieu de ses collègues du Corps législatif, et, à l'occasion du projet de loi portant modification de l'article 259 du Code pénal, il sut flétrir en très-bons termes les usurpateurs de titres de noblesse et nos modernes gentilshommes qui voudraient confondre ces titres glorieux avec leurs noms à *particules*, dont malheureusement des spéculateurs éhontés et bien connus remplissent aujourd'hui presque tous les nobiliaires de la France et de l'étranger.

Le général ayant cité un de nos opuscules[1] pendant la discussion de cette loi, il nous adressa alors une lettre dont nous extrayons un passage qu'on lira sans doute avec plaisir, parce qu'il fait mieux connaître notre honorable et loyal député que tout ce que nous pourrions ajouter :

« Je suis absolument sans autre prétention, écrivait-il » le 24 mai 1858, que celle d'être utile à mes braves » concitoyens de la Marne : quant à la tribune, ce n'est » pas un terrain sur lequel j'aime à me placer.

» Soldat, en ayant toute la franchise, il m'arrive » seulement, quelquefois, de me permettre de présenter » de courtes observations.

---

[1] Voir *le Moniteur* du 9 mai 1858, page 595, et le *Recueil périodique* de M. Dalloz, même année, quatrième partie, page 58.

» Dans la dernière circonstance qui s'est offerte, j'ai
» cru devoir aider à flétrir les usurpateurs de titres. »

Ce sont là les paroles d'un honnête homme, et le général, dans l'intérêt de la morale publique, vota pour
le projet de loi, mais sans se faire illusion ; il n'igno-
rait pas que notre nation est comme affolée de distinc-
tions de toute nature, et qu'il ne suffit pas de modifier
un article du Code pénal pour en changer les mœurs.

Le général vécut assez longtemps pour assister à une
nouvelle et formidable explosion de vanités qui dure
encore, et il nous semble l'entendre répéter avec son
fin sourire ces vers de notre immortel fabuliste :

> Se croire un personnage est fort commun en France :
> On y fait l'homme d'importance,
> Et l'on n'est souvent qu'un bourgeois.
> C'est proprement le mal françois :
> La sotte vanité nous est particulière [1].

Disons en terminant que l'amitié, le patriotisme et
l'amour du pays natal étaient les sentiments qui rem-
plissaient et animaient le cœur du général Parchappe,
et qu'il est resté fidèle jusqu'à son dernier soupir à
ses vieux compagnons d'armes ; il pensait encore à eux
lorsqu'il voulut attacher son nom aux monuments

[1] La Fontaine. Liv. VIII, fable XV

qui doivent perpétuer le souvenir des héroïques jour-
nées de Champaubert et de Montmirail [1].

Notre vénérable député avait un pressentiment de
sa fin et la voyait approcher avec fermeté : il se fami-
liarisait pour ainsi dire avec la mort par les apprêts de
sa sépulture, et il s'est endormi dans les bras de la
Religion, qui est venue adoucir ses dernières souf-
frances et le consoler au moment suprême.

---

[1] Le patriotisme et l'amour du pays natal étaient comme des
vertus héréditaires dans la famille du général, et le savant docteur
Max. Parchappe, son parent, exprimait ces sentiments d'une manière
remarquable, lorsqu'il écrivait, le 20 décembre 1859, au maire d'Epernay : « Je tiens essentiellement à ce que la ville d'Epernay n'oublie
pas plus que moi que je suis un de ses enfants.

» Veuillez lui offrir en mon nom la collection des œuvres scien-
tifiques qui ont occupé ma vie.

» En passant par les mains du général Parchappe, à qui la ville
d'Epernay a confié l'honneur de la représenter, cet hommage ne peut
qu'augmenter de valeur.

» Etroitement unis par le sang et par le cœur, nous n'avons jamais
perdu de vue notre patrie dans nos efforts pour maintenir l'honneur
de notre nom, si intimement lié aux fastes de la ville d'Epernay. »

LETTRE DE HENRI IV,

DU 24 JUILLET 1592.

A mon cousin le duc de Nivernois.

Mon cousin, il fault confesser que ce fut Dieu qui m'inspira de partir hier comme je le feis, et de venir coucher en ce lieu, où je suis arrivé ce matin à une demye heure de jour, et ay faict passer la riviere au Sr de Givry, qui est allé à Boursault, maison qu'il a sur le bord de la riviere. Ayant reposé deux heures sur la paille et esté demye heure à desjeuner, j'ay eu advis par des batteurs d'estrade et des paysans que le dict sieur de Givry avoit envoyez çà et là, qui me sont venus trouver, que le lieutenant-collonnel de la Berlotte, qui est celuy qui mena le secours de Rouen, partoit de Dormans avec deux cens soixante hommes, pour se venir poster dans Epernay ; et Lauger a esté comme de ceulx à qui on dict : Les voilà. Le dict Sr de Givry estant desjà aprés, incontinent je suis monté à cheval avec ce que j'ay peu et quatre compagnies d'harquebusiers à cheval qui venoient d'arriver avec les Srs de Biron et Sainct-Luc, et ay passé la riviere. Sainct-Estienne servant de guide, s'est mis devant avec les dicts Srs de Biron et Sainct-Luc. La resolution a esté telle aux ennemys, qui pour lors estoient au bord du bois du costeau qui regarde en la ville, que, voyans que nous estions encore tous ensemble et que la pluspart de ce qui estoit avec moy n'estoyent que harquebusiers à cheval (pour ce que les gens de cheval arrivoient encore à la file), ils ont entreprins de passer en despit de nous. A quoy les dicts Srs de Biron, Sainct-Luc et Givry y ont apporté ce qui estoit en leur puissance. Mais l'extresme resolution des ennemys les rendoit moins accompagnez qu'il n'estoit besoing, et l'heur a esté tel pour moy, que, avec quinze ou vingt des miens, j'y suis arrivé assez à propos pour les enfoncer. Pour ce que je ne suis poinct vain, je ne vous diray point qui y a bien faict ; vous l'apprendrés à vostre venue par ceulx qui y estoient. Mais bien vous assureray-je, mon cousin, qu'avant que partir du lieu où je les ay chargez, je n'en ay bougé tant qu'il y en a eu un seul en vie, de façon qu'il ne s'est saulvé qu'un lacquais, monté sur le cheval du dict lieute-nant-collonnel, et douze soldats, qui ont chacun quatre ou cinq coups d'espée au travers du corps. J'ay fait fouiller ce dict lieutenant, et sur luy on a trouvé le mandement que lui faisoit Rosne de prendre du dict regiment deux cens soixante hommes, des meilleurs qui feussent, pour se jecter dans la dicte place. Je n'y ay perdu que ce pauvre baron du Fort et le Sr Patras, et quelques-uns blessez. Vous pouvés croire que c'est la plus necte deffaicte de secours qui se soit jamais faicte, et à deux cens cinquante pas de la courtine de la ville. Un sergent, qui estoit demeuré dans le bois, pour ne pouvoir cheminer à cause de son aage, m'a esté amené pri-sonnier, qui m'a asseuré qu'au dict regiment il ne reste pas cent hommes, et encore qu'ils ne sont que canaille.

Je vous prie de voir demain avec les Suisses et l'artillerie coucher à Ay, faisant aussy descendre les bateaux pour faire le pont, afin qu'en mesme temps on le puisse faire où on l'avoit faict faire l'aultre jour, faisant advancer le reste de l'armée jusques icy. Les bagages de ceulx qui ne pourront passer sur le pont le pourront au gué qui est icy devant, où nous avons passé. Je vous prie d'y arriver de bonne heure, afin que nous puissions empescher que personne n'y puisse jecter aucun secours. Je vous promets bien, avec l'ayde de Dieu, que ceste nuict, ny pour tout demain, rien n'y entrera. Je n'ay le loisir de faire part de ceste bonne nouvelle et de cest heureux commencement à mes bons subjects de ma ville de Chaallons, au S^r president de Blancmesnil, ny à ma court de parlement. Vous ferés cela pour moy et leur communiquerés ceste-cy. Il me semble que nous en debvons tous rendre graces à Dieu ; et n'y aura point de mal de faire chanter le *Te Deum*, afin que, voyant que nous ne sommes point ingrats de luy rendre graces des faveurs qu'il nous faict, il nous les continue : de quoy je le supplye de tout mon cœur, et qu'il vous ayt, mon cousin, en sa saincte garde. Escript à Damery, le vendredy à midy, xxiiij^e jour de juillet 1592.

HENRY.

(Extrait du *Recueil des Lettres missives de Henri IV*, publié par M. Berger de Xivrey, membre de l'Institut, et faisant partie de la collection de Documents inédits sur l'histoire de France.)

Châlons, imp. T. MARTIN.

OPUSCULES DU MÊME AUTEUR.

DE LA MODIFICATION DE L'ARTICLE 259 DU CODE PÉNAL, et des PREUVES DE LA LÉGITIMITÉ DES TITRES NOBILIAIRES. — In-8°, Epernay, 1858.

DE LA NOBLESSE MATERNELLE EN CHAMPAGNE, et de L'ABUS DES CHANGEMENTS DE NOMS. — 2e édition. In-12, Châlons, 1859.

DE LA FAUSSE NOBLESSE EN FRANCE. — In-12, Paris, 1861.

DÉFENSE DES MAIRES DE CHAMPAGNE. — 2e édition. In-8°, Châlons, 1865.

LETTRE SUR LA POLITIQUE DU TEMPS PRÉSENT. — 2e édition. In-8°, Paris, 1866.

UN MOT SUR L'ALLEMAGNE. In-8°, Paris, 1867.

SOUS PRESSE :

LE BUSTE DE M. DE JESSAINT.

Châlons. — Imp. T. Martin.

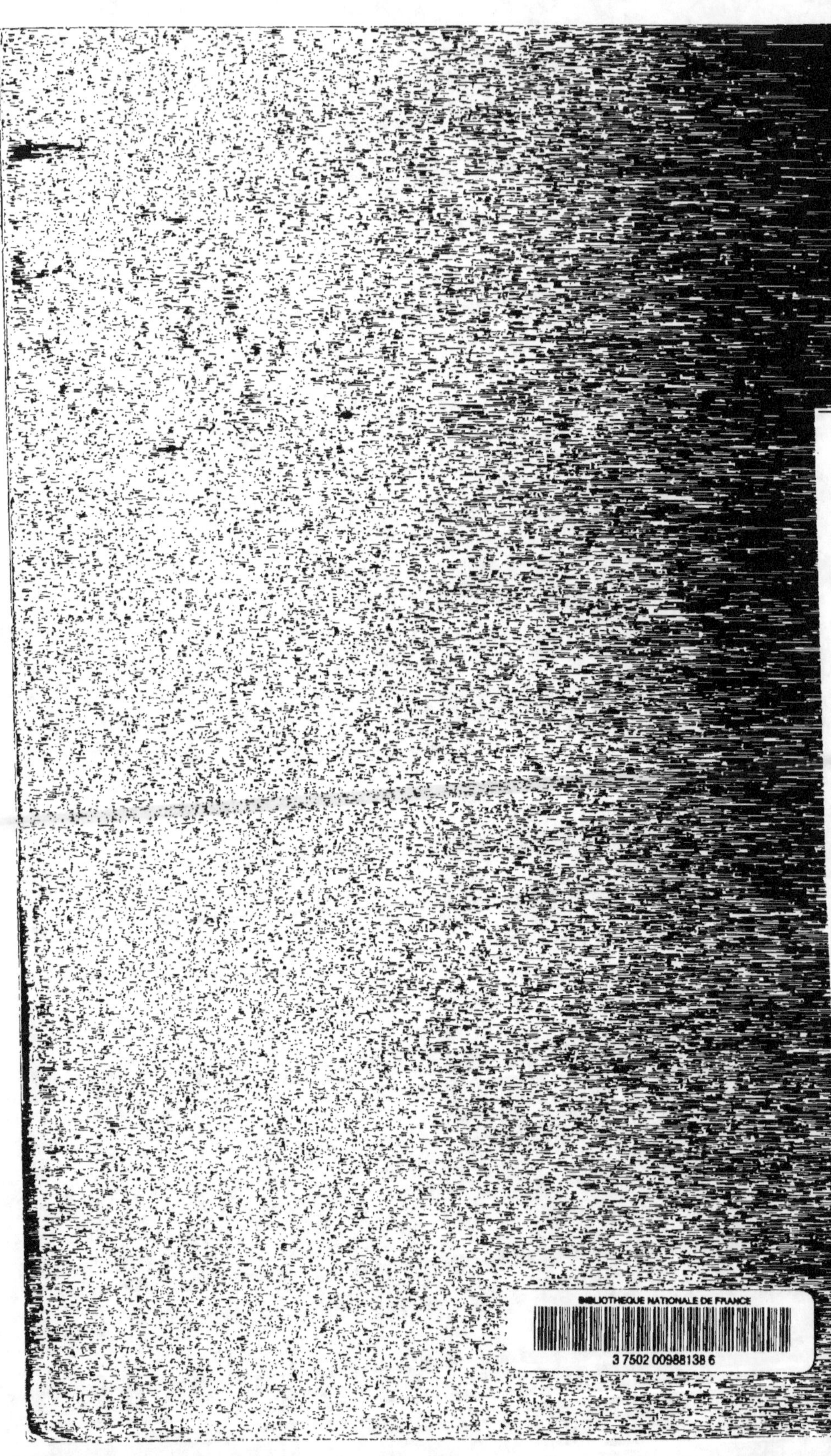